LA

DERNIÈRE CAMPAGNE

DU

MARÉCHAL DE VILLARS

PAR H. DE LACOMBE.

ORLÉANS

TYPOGRAPHIE D'ERNEST COLAS

1872

LA DERNIÈRE CAMPAGNE

DU

MARÉCHAL DE VILLARS

PAR H. DE LACOMBE.

EXTRAIT DU TOME II
DES LECTURES ET MÉMOIRES
DE L'ACADÉME DE SAINTE-CROIX.

LA

DERNIÈRE CAMPAGNE

DU

MARÉCHAL DE VILLARS

PAR H. DE LACOMBE.

ORLÉANS

TYPOGRAPHIE D'ERNEST COLAS

1872

LA DERNIÈRE CAMPAGNE

DU

MARÉCHAL DE VILLARS.

Après la mort de Louis XIV, la politique, qui convenait à la France, était toute tracée ; le grand roi l'avait indiquée lui-même dans ses instructions suprêmes au frêle enfant qui allait être Louis XV : « Tâchez de conserver la paix avec vos voisins. » La paix, c'était là, en effet, le vœu et le besoin des peuples : laisser reposer la France, laisser ses blessures se fermer, les fruits, glorieux et précieux encore, que, par le traité d'Utrecht, elle avait retirés de ses longs combats et de ses prodigieuses fatigues, se consolider entre ses mains, l'ordre rentrer dans ses finances, le travail dans ses campagnes, la richesse dans son industrie et dans son commerce, laisser en un mot l'énergie naturelle de son tempérament prendre le dessus, agir d'elle-même et réparer sa ruine, telle était la conduite simple que, d'accord avec l'humanité, la nécessité commandait au gouvernement nouveau.

Cette politique, moins brillante qu'utile, cette politique toute de convalescence anima successivement la régence du duc d'Orléans et le court ministère du duc de Bourbon ; elle rencontra bientôt son expression et son image dans le vieux prêtre qui, parvenu au pouvoir

1.

à l'âge de soixante-treize ans, y demeura, seize années durant, jusqu'à sa mort.

Chose étrange en apparence ! Spectacle qui doit nous être un enseignement ; car, dans notre siècle livré aux mécomptes, les occasions ne sont pas rares, où ce qu'il faudrait aux nations lasses d'agitations et de bruit, ce serait un ministère du cardinal de Fleury (1) ! Avec ses allures modestes, ses goûts tranquilles et simples, sa répugnance pour les complications, avec un mélange de finesse et de bon sens, qu'un de ses contemporains appelait une sagesse négative (2), le cardinal de Fleury se trouva peu à peu plus écouté dans le monde que ne l'avaient été ses immortels prédécesseurs, les cardinaux de Richelieu et Mazarin. Ce n'était pas à son propre fonds, c'était aux circonstances qu'il empruntait son génie ; une conformité d'humeur régnait entre ce ministre septuagénaire et l'Europe affamée de repos.

L'œuvre de la paix était laborieuse, toujours sujette à des traverses, toujours chancelante par quelque endroit : au sein de l'universelle lassitude, l'Autriche et l'Espagne continuaient à troubler le continent, tantôt de leur rapprochement, tantôt de leur rivalité, sans cesse prêtes l'une et l'autre à mettre en commun ou à mettre aux prises leurs passions et leurs forces. Maîtresse d'une

(1) « Je sais ce qu'il faut à la France, un ministère du cardinal de Fleury. » Lettre de M. Thiers à M. le baron de Barante, citée par M. Guizot dans sa notice sur M. de Barante. (*Mélanges biographiques*, p. 352 de la première édition.)

(2) *Journal et Mémoires* du marquis d'Argenson, t. II, année 1738.

partie des Pays-Bas, l'Autriche menaçait l'indépendance des autres, elle inquiétait la navigation de l'Escaut, elle obéissait à cet instinct des races germaniques, qui, depuis tant de siècles, les pousse à se chercher, avec des ouvertures sur l'Océan, un empire maritime et colonial. L'Espagne était plus turbulente encore, elle ne pouvait se résigner à n'être plus cette grande Espagne de Charles-Quint qui tenait la moitié de l'Europe, elle formait mille projets pour ressaisir dans une conflagration générale quelques lambeaux perdus de son antique domination : et, par une rencontre singulière, à ce vieil orgueil castillan qui grondait toujours, avide et blessé, s'était jointe, pour l'exciter encore et le conduire à ses fins, la ruse italienne que représentaient la femme et le ministre de Philippe V, la reine Elisabeth Farnèse et le cardinal Alberoni.

Le mérite de Fleury fut de poursuivre son dessein à travers tous les orages et tous les écueils, parmi les sollicitations les plus ardentes et les plus contraires qui, du dedans et du dehors, l'assaillaient : il avait voulu la paix ; il la garda et la maintint, recueillant l'influence par surcroît. A l'aspect inaccoutumé de cette France qui ne travaillait plus à s'étendre, qui n'entreprenait pas sur ses voisins, qui semblait dégoutée de la guerre dont, loin d'attiser, elle étouffait partout les étincelles, il se fit dans les dispositions de l'Europe un grand changement : les sourdes inimitiés qui avaient survécu à Louis XIV, se relâchèrent d'elles-mêmes, les ombrages se dissipèrent, les défiances invétérées s'adoucirent; l'Allemagne et l'Italie, la veille encore unies presque tout entières contre nous, se rappelèrent enfin leurs diversités naturelles et leurs dangers intérieurs. Le cabinet de Versailles, qui ne se montrait plus comme un conquérant, apparaissait comme un protecteur; plus il s'effaçait, plus on s'empressait vers lui; comme il n'entrait en maître dans aucune compétition, on le choisissait pour juge dans tous les différends. C'est ainsi que le cardinal de Fleury devint le médiateur désigné dans les principaux litiges de son temps : il exerça son arbitrage entre les Turcs et l'Autriche, entre l'Autriche et l'Espagne, entre l'Espagne et le Portugal, entre Gênes et la Corse, arrêtant ou limitant les hostilités, les détournant par des conférences et des congrès, ne donnant d'autre parti à la France que celui de l'Europe.

Les heureux effets de cette politique se firent sentir, lorsqu'en 1733, la nomination de Stanislas Leckzinski, beau-père de Louis XV, au trône de Pologne, eut mis en feu toutes les jalousies et toutes les divisions qui fermentaient.

A peine la candidature de Stanislas avait-elle été proposée et acclamée que les puissances du Nord l'avaient violemment combattue : à l'élu de la Diète de Varsovie elles entendirent substituer leur protégé, Auguste de Saxe. Fidèle aux habitudes de son esprit, le cardinal de Fleury aurait désiré prendre une attitude expectante, ne pas s'engager dans ces démêlés lointains pour un profit chimérique. Cette indifférence n'était pas possible. La qualité même du candidat, cette occasion unique de faire un roi du gentilhomme polonais dont une fortune inespérée avait fait le beau-père du roi de France, la

dignité de la couronne, l'émotion sincère ou feinte de
la cour, tout répugnait à la neutralité ; comme il arrive
dans les gouvernements où la volonté du prince est la
loi, les adversaires du ministre appuyaient fortement
sur les sentiments du monarque pour servir leurs vues
particulières. Fleury ne s'obstina pas dans une résistance
où il ne pouvait heurter le roi sans se briser lui-même :
d'une guerre entreprise pour laver un affront, il s'ef-
força de retirer un résultat effectif pour la France ; il
voulut que la vengeance fût utile.

Séparée de nos frontières par toute l'épaisseur de l'Allemagne, pressée entre nos ennemis qui étaient les siens,
la Pologne aurait présenté un dangereux champ de bataille. Fleury n'eut garde de s'y aventurer, il se con-
tenta d'envoyer dans la Baltique, à la suite du roi Stanislas, quinze cents hommes déterminés : écrasés
d'avance sous le nombre, ces braves n'avaient pas l'es-
rance de réussir, ils savaient qu'ils allaient défendre
une cause perdue, ils ne combattaient que pour l'honneur du nom français ; ils le vengèrent magnifiquement
sous les murs de Dantzick.

Mais ce fut en Allemagne et en Italie que le cabinet
de Versailles résolut d'atteindre et de frapper la Maison
d'Autriche, âme de toutes les brigues sous lesquelles
tombait la royauté à peine ébauchée de Stanislas Leckzinski. Tout plein de son désir d'imposer à l'Europe la
pragmatique sanction par laquelle il assurait à sa fille
Marie-Thérèse l'intégrité de sa succession à venir, l'empereur Charles VI avait pour préoccupation constante

de se ménager partout des amis ou des clients, à Pétersbourg, à Berlin, à Dresde, à Varsovie.

La guerre une fois décidée, le cardinal de Fleury mit son adresse à la mener comme il avait conduit la paix, doucement, sans ostentation menaçante, presque sans bruit, attentif à la circonscrire sur le théâtre le plus avantageux contre le moins d'ennemis possible.

Il y avait un homme que la voix publique appelait au commandement de l'armée du Rhin : c'était le grand capitaine qui, tant de fois, à Friedlingen, à Weissembourg, à Denain, avait fait trembler ou reculer l'Allemagne, c'était le maréchal de Villars, toujours jeune, malgré ses quatre-vingt-deux ans (1), jeune d'entrain, de vigueur et d'audace. Lui-même, le vieux guerrier, souhaitait passionnément cette rentrée en scène; il semblait que son plus illustre adversaire, le prince Eugène de Savoie, qui allait s'acheminer encore contre la France à la tête des régiments impériaux, le conviât à cette dernière rencontre.

Bien différentes étaient les impressions de Fleury : la renommée de Villars, le lustre extraordinaire de ses services passés, qui ajoutait encore à la liberté naturelle de ses propos et de ses allures, ce qu'il y avait même d'imprévu et d'inspiré dans son génie, toute

______

(1) La plupart des historiens fixent à l'année 1651 la naissance de Villars ; il avait donc quatre-vingt-deux ans à l'époque qui nous occupe. Cependant, dans une lettre au roi, datée de Milan, le 26 mars 1734, et qui se trouve au Dépôt de la Guerre. Villars parle de ses soixante-dix-huit ans. Lui qui avait bien des faiblesses, avait-il celle de cacher son âge ?

cette gloire et tout cet éclat offusquaient le méticuleux cardinal; il se disait qu'avec un pareil général, il ne serait jamais en repos, il aurait toujours à craindre quelque résolution soudaine qui développerait démesurément les proportions de la lutte. Il commença donc par écarter le redoutable candidat, l'accablant de caresses et d'éloges, lui répétant, sans le lui faire accroire, que vraiment, telle qu'elle était concertée, la campagne d'Allemagne n'était pas digne de ses talents; qu'il ne pourrait s'y déployer tout entier; qu'il *n'y aurait que du médiocre à faire* (1). Puis il alla chercher dans sa terre de Fitz-James, où l'avait confiné une injuste disgrâce encourue sous le ministère du duc de Bourbon, un autre vétéran célèbre des armées de Louis XIV, le maréchal de Berwick, modeste, consciencieux, rigide, ne donnant rien à l'effet, scrupuleusement esclave de ses devoirs qu'il plaçait dans l'irréprochable exécution des instructions reçues, *grand diable d'Anglais sec qui marchait toujours droit devant lui* (2), comme l'avait dépeint, un jour, la reine d'Espagne. C'était, d'ailleurs, un choix excellent: réputé le premier homme de guerre défensive que possédât la France, peut-être sans égal, parmi ses contemporains, dans l'art de disputer pied à pied un terrain, de couvrir un vaste pays avec peu de troupes, d'arriver à ses fins à peu de frais, par de savantes manœuvres plutôt que par des

(1) *Journal de Villars*, année 1733, dans la *Vie du maréchal duc de Villars*, écrite par lui-même et donnée au public par M. Anquetil, t. IV, p. 337.

(2) *Mémoires du maréchal de Berwick*, écrits par lui-même, t. 1er année 1704.

batailles hasardeuses, le fils des Stuarts convenait merveilleusement au genre d'opérations militaires que, sur les bords du Rhin, réclamait notre politique.

La discussion du plan de campagne ne fut pas moins délicate que la désignation, ou, comme on parlait alors, que la déclaration du général en chef.

Le cardinal de Fleury n'avait qu'un objet en vue : réduire la guerre d'Allemagne au strict nécessaire. Quelques démonstrations contre des places qui seraient villes de l'Empereur et non villes de l'Empire, la prise de Vieux-Brisach, quelques bombes jetées sur Luxembourg pour y brûler les approvisionnements, lui semblaient suffire. Tenter davantage, c'était, selon lui, se lancer témérairement dans les complications les plus fâcheuses : toute violation du territoire germanique, l'attaque de Kehl ou de Philipsbourg, par exemple, blesseraient l'Allemagne entière, rassembleraient l'Empire autour de l'Empereur, confondraient leurs griefs et leurs armes, feraient d'une guerre autrichienne une guerre allemande qui, tôt ou tard, deviendrait une guerre européenne avec toutes ses vicissitudes illimitées. Une incursion dans les provinces belges, qui offraient à la France un champ si voisin de combats et de conquêtes, serait plus périlleuse encore, parce que la neutralité de l'Angleterre et de la Hollande, qu'une négociation habile venait de nous acquérir, se changerait en une attitude défiante, bientot même en une hostilité agressive (1).

---

(1) **Sur** les idées du cardinal de Fleury, on peut consulter, au Dépôt de la guerre, le vol. *Campagne en Allemagne,* 1733, ainsi que les *Mémoires* de Villars et de Berwick.

Contre cette prudence ingénieuse, le maréchal de Villars était le plus ardent à s'élever, dans un langage de soldat, tout plein de fougue et de verve. Que veut-on? répétait-il (1) sans cesse dans le conseil du roi, devant le cardinal lui-même, qui l'écoutait avec son imperturbable douceur : si c'est la guerre, qu'elle soit efficace et sérieuse! Bombarder Luxembourg que, dans la situation présente de ses fortifications et de nos forces, nous ne pouvions songer à réduire, était au-dessous de notre réputation; imaginer l'investissement de Vieux-Brisach dans l'espérance que, la ville appartenant, non à l'Empire, mais à l'Empereur, l'Allemagne ne se sentirait pas lésée et demeurerait insouciante, c'était nourir une illusion funeste. Si l'Allemagne inclinait vers la guerre, serait-ce donc une distinction subtile qui la contraindrait à la paix? Tandis que nous perdrions notre temps, notre argent et nos hommes autour d'une place dont la reddition aurait peu d'importance, nous laisserions le champ libre à l'Empereur : entraînant sous ses drapeaux tous les Etats de l'Empire qui, privés de nos secours et garantis de nos représailles, se mettraient à sa discrétion par connivence ou par impuissance, il porterait son action là où elle serait décisive, se rendrait maître de la ligne du Rhin, s'étendrait dans les pays de Trèves et de Liége, nous menacerait sur nos fron-

(1) Nous ne faisons ici qu'analyser, en reproduisant souvent le texte lui-même, les divers discours tenus par le maréchal de Villars, tels qu'ils sont consignés dans la partie de ses *Mémoires* relative à ces evenements.

tières les plus rapprochées. Devant l'évidente immi-
nence de ces dangers, que fallait-il faire? Prévenir l'Empereur, passer le Rhin nous-mêmes, le passer sans dé-
lai avec nos garnisons de l'Alsace, que grossiraient de
nombreux renforts à mesure que les milices auraient
répondu à l'appel, nous asseoir solidement à Philipsbourg d'où il nous serait aisé de protéger la France et
de dominer l'Allemagne. Mais, objectait-on, ce serait un
attentat contre l'Empire, dont tous les États se lève-
raient en masse pour l'Empereur! Erreur : *le meilleur
moyen de contenir l'Empire était de l'intimider*. Lorsque
les populations germaniques nous apercevraient au mi
lieu d'elles, en possession du cours du Rhin, lorsqu'elles nous verraient prêts à les traiter, selon leurs
propres dispositions, en amies ou en ennemies, il n'y
aurait plus d'hésitation parmi leurs princes : les uns,
comme l'Électeur palatin, comme l'Électeur de Bavière,
dont la pragmatique sanction de Charles VI trompait
les calculs et offensait les droits, se prononceraient
enfin contre la maison d'Autriche, ils auraient trouvé le
point d'appui qu'ils attendaient; les autres, que des
engagements secrets pouvaient lier à l'Empereur, recu-
leraient devant des démarches qui les livreraient à nos
coups. Et, l'imagination toujours remplie des souvenirs
de sa longue expérience, le noble octogénaire se plai-
sait à rappeler que servant, il y avait soixante années,
sous les ordres du respectable M. de Turenne, il lui
avait entendu dire que, pour n'avoir rien à craindre des
princes de l'Empire, il fallait leur faire tout craindre à

eux-mêmes : maxime de politique et de guerre, dont ce maître consommé, ajoutait-il, montrait, à ce moment-là même, l'application victorieuse, puisqu'établi dans le cercle de Franconie, il forçait à une obéissance empressée presque tous les électeurs, lesquels, notre armée ayant repassé le Rhin, nous abandonnèrent aussitôt. Villars citait encore un autre exemple qui lui était familier, celui de la terrible année 1688, où l'Europe entière avait formé contre la France la ligue d'Augsbourg : M. de Louvois avait agi avec tant de promptitude et de secret, que notre armée était aux portes de Nuremberg avant même que les Impériaux eussent connu ses premiers mouvements.

Du choc de ces opinions si différentes sortit un plan de campagne qui les conciliait. Le maréchal de Berwick fut le modérateur : il fit prévaloir cette considération, presque toujours vraie, qu'*une bonne défensive doit être offensive* (1) ; que la France était tenue de prendre l'avance sur le Corps germanique, de porter au dehors l'invasion pour ne pas la subir au dedans, de se saisir de toutes les places du Rhin, qui, non occupées par elle, le seraient contre elle. Il fut décidé qu'après une notification solennellement faite, à la Diète de Ratisbonne, de nos intentions désintéressées, de notre ferme dessein de n'entrer sur le territoire allemand que pour notre propre conservation, d'y répudier toute pen-

______

(1) Nous empruntons cette excellente formule d'une idée juste à l'un des grands hommes de guerre de notre siècle, le maréchal Bugeaud, duc d'Isly, dans son opuscule, intitulé : *Principes physiques et moraux du combat de l'infanterie.*

sée de conquête, de n'y chercher que des sûretés et des gages jusqu'à la paix, l'armée du roi mettrait garnison en Lorraine, se répandrait dans les bassins de la Saare et de la Moselle, réduirait Kehl, qui était la tête de pont de Strasbourg, son moyen de passage et son moyen de défense, assiègerait enfin Philipsbourg, qu'on estimait toujours la clef du Rhin (1).

Mais les graves motifs qui protégeaient contre une politique conquérante les possessions germaniques de la Maison d'Autriche, n'existaient pas en Italie, : là des coups plus profonds pouvaient être dirigés contre l'Empereur sans que tout l'Empire fût en émoi et se crût en danger. De plus, l'Italie offrait ce précieux avantage que deux alliés nous attendaient au-delà des Alpes, en armes l'un et l'autre, tout préparés à se joindre à nous contre l'Autriche, sauf à se déchirer ensuite, avec une passion plus furieuse, pour le partage de ses dépouilles. C'était le roi de Sardaigne, toujours en quête de la Lombardie; c'était aussi le roi d'Espagne qui, comptant déjà sur l'investiture ou sur l'héritage des duchés de Parme, de Plaisance, de Toscane, désirait

(1) Les questions soulevées par une guerre de la France avec l'Allemagne ont été les mêmes dans tous les temps : il n'y a eu de différent que la solution. Pour ne citer qu'un exemple de cette similitude, rappelons qu'au mois de juillet 1870 plusieurs généraux proposèrent l'occupation immédiate de Kehl et de Landau, et que l'empereur Napoléon III s'y refusa, les uns et les autres se décidant par des motifs absolument semblables à ceux qui avaient inspiré, en 1733, Villars et Berwick d'une part, et Fleury de l'autre. (Voir l'ouvrage intitulé : *Metz, Campagnes et Négociations*, par un officier supérieur de l'armée du Rhin, c. 1ᵉʳ, p. 14.)

s'agrandir encore ou agrandir sa famille au Nord et au Midi de la Péninsule. Mettre d'accord sur le lendemain de la victoire ces deux compétiteurs inquiets et jaloux, eût été une négociation singulièrement épineuse; le cardinal de Fleury ne la risqua pas, il espéra dénouer les difficultés en les ajournant, il se reposa sur le temps, qui trop souvent embrouille, du soin de tout simplifier. Au lieu d'aboucher ensemble les deux alliés dont il allait faire ses obligés, au lieu de leur imposer à chacun l'abandon de quelque prétention excessive en retour des bienfaits dont il s'apprêtait à les combler avec le sang et l'argent de la France, il préféra ne pas agiter les questions brûlantes, conclure séparément, avec le roi de Sardaigne, le traité de Turin, et avec le roi d'Espagne, le traité de l'Escurial, promettant à celui-ci Naples, la Sicile, peut-être le duché de Mantoue, et à celui-là le duché de Milan (1).

La conduite de la guerre d'Italie fut confiée au maréchal de Villars, il y serait à son aise, plus maître de ses mouvements pour oser et pour frapper; le grand capitaine accepta, non sans jeter un regard de regret et d'envie sur l'heureux Berwick qui le remplaçait dans l'arène de ses anciens combats. Tout ce qui pouvait le consoler et le contenter, les plus nobles égards, les attenions les plus magnifiques lui furent prodigués : le cardinal-ministre et toute la cour étaient présents à son dé-

(1) Un ouvrage récent, *Négociations relatives à l'établissement de la Maison de Bourbon sur le trône des Deux-Siciles,* par Charles Gay, contient d'intéressants détails sur ces deux traités de Turin et de l'Escurial.

part de Fontainebleau, ils le saluèrent de leurs vœux auxquels se mêlèrent, sur toute sa route, les acclamations des peuples ; avant de prendre congé du Roi, il avait reçu le titre de maréchal-général, dignité militaire la plus haute de toutes, qu'avaient portée le maréchal de Biron, le maréchal, plus tard connétable de Lesdiguières, le maréchal de Turenne.

L'armée qu'allait commander Villars, était considérable : elle atteignait le chiffre d'environ quatre-vingt mille hommes ; le contingent de la France comprenait quarante-cinq bataillons d'infanterie, soixante-quatre escadrons de cavalerie, quarante pièces de campagne. Le gouvernement avait voulu épargner à l'intrépide vieillard les plus grosses fatigues, le conjurant de ne pas s'épuiser dans le soin des détails, de se réserver pour la direction suprême des opérations ; il lui avait donné, pour le seconder, une élite d'excellents officiers qui, tous, avaient paru avec honneur dans les dernières guerres de Louis XIV, et devaient mériter sous Louis XV le bâton de maréchal : MM. de Coligny, de Broglie, d'Asfeld, de Contades, de Maillebois. Le major-général de l'armée, celui qu'on appelait alors le maréchal-général des logis, était le marquis de Pezé, dont Villars, d'accord, cette fois, avec son implacable censeur, le duc de Saint-Simon lui-même, fit au Roi ce bel éloge : « De qui je ne puis trop me louer, c'est de M. de Pezé ; je puis assurer Votre Majesté que tout nouveau qu'il est dans cet emploi très-difficile et celui qui forme le plus les hommes pour les plus considérables, il ne me fait regretter aucun de ceux que j'ai vu autrefois en être les plus capables. La connaissance du pays, les dispositions des troupes, les ordres pour les marches et les campements, il m'est d'un prodigieux secours parce qu'il fait la plus grande partie de ma charge; enfin, au lieu d'être obligé de rectifier, ce qui est très-ennuyeux, je n'ai qu'à applaudir (1). »

Les traités de Turin et de l'Escurial étaient à peine signés que déjà les Français avaient passé les Alpes; ils les franchirent, avec une rapidité et un ordre dont furent émerveillés les contemporains, par le Mont-Cenis, la vallée de Barcelonnette et le Mont-Genèbre.

Les Autrichiens furent surpris par l'orage qui fondait sur eux : ils n'avaient point soupçonné l'entente qui se nouait entre les trois cours; jusqu'à l'ouverture des hostilités, l'Empereur s'était laissé endormir par le roi de Sardaigne qui lui montrait en toute rencontre une obséquieuse déférence. Lorsqu'enfin le prince piémon-

(1) Dépôt de la Guerre : *Campagne en Italie*, 1733 : *Lettres et Rapports manuscrits du maréchal de Villars*. En regard de la lettre de Villars, nous plaçons le passage de Saint-Simon : « Pezé...., passé en Italie avec le régiment du roi, y montra tant de talents naturels pour la guerre, qu'il y saisit d'abord toute la confiance des généraux des armées et devint en très-peu de temps l'âme des projets et des exécutions Il força, par sa valeur et par ses lumières, l'envie à lui rendre justice. Il mourut des blessures qu'il avait reçues à la bataille de Guastalla, avec l'Ordre du Saint Esprit qui lui fut envoyé en récompense de tout ce qu'il avait fait en Italie, et il allait rapidement au commandement en chef des armées comme généralement reconnu le plus capable, à quoi il s'était élevé en fort peu de temps, » *Mémoires du duc de Saint-Simon*, année 1719, t, XVIII de l'édition de 1829, c. 1ᵉʳ.

tais s'était déclaré, lorsque, dans un manifeste adressé à toutes les puissances, il avait annoncé que, s'il recourait aux armes de concert avec son allié le roi de France, c'était pour se mettre à couvert des agressions de cette ambitieuse Maison d'Autriche qui, s'appesantissant de plus en plus sur l'Italie, méditait de le réduire à la condition d'un simple feudataire, grands avaient été l'étonnement et le courroux du cabinet de Vienne. L'Empereur Charles VI ne put retenir son indignation, il s'écria, comme l'un des témoins de la scène, le prince Trivulze, le racontait à Villars (1), que pour se venger de la perfidie du roi de Sardaigne, il donnerait volontiers la moitié de ses États. Mais il était trop tard, son erreur allait lui coûter cher : tandis que, enhardi par la confiance même qu'il inspirait, Charles-Emmanuel avait tiré du duché de Milan tout le grain et tous les approvisionnements qui lui étaient nécessaires, rien n'était prêt du côté des Impériaux. Affaiblies par les nombreux envois d'hommes qu'avaient réclamés toutes les parties menacées de la domination autrichienne, les garnisons de Lombardie étaient insuffisantes; l'argent et les magasins manquaient.

La partie était donc belle pour les Franco-Sardes ; une fois leur réunion opérée sous les murs de Verceil, ils entrèrent sans retard en campagne. Vigevano et Pavie ouvrirent leurs portes; la ville de Milan dont les érudits calculaient qu'elle avait été assiégée quarante fois

---

(1) Lettre de M. de Villars au roi, Milan, le 12 février 1734; — Archives du Dépôt de la guerre, déjà citees.

et prise vingt-deux , ne tenta même pas de résister,
elle envoya ses clefs à M. de Coigny. Les grandes plaines
de la Lombardie se trouvèrent balayées en quelques
jours; nulle part, l'armée impériale ne disputait le terrain : au lieu d'engager une bataille qui pouvait l'anéan-
tir, elle se repliait en arrière ou se réfugiait dans les
citadelles. Ce qui achevait son désarroi, c'était l'attitude
des Italiens qu'elle comptait dans ses rangs ; ils déser-
taient pour passer à l'ennemi ou pour retourner dans
leurs foyers. Le roi de Sardaigne qui se proclamait déjà
duc de Milan, les provoquait lui même à la défection en
menaçant de la confiscation de leurs biens tous ceux de
ses nouveaux sujets qui resteraient sous les drapeaux
de l'Autriche.

Ce fut devant Pizzighitone que le maréchal de Villars
rejoignit les alliés. Pizzighitone était une place importante, réputée, depuis des siècles, le boulevard du Milanais : François Ier y avait été enfermé après la journée
de Pavie ; entourée de fortifications soigneusement entre-
tenues, assise sur les rives de l'Adda, abritée de l'autre
côté du fleuve par une sorte de faubourg bastionné
qu'on appelait la Ghierra d'Adda, elle commandait aux
chemins de Crémone, de Crème, de Lodi et de Plaisance,
villes qui formaient elles mêmes un redoutable quadrila-
tère.

A l'arrivée de Villars, le roi de Sardaigne était sur le
point d'abandonner un siége qui lui semblait une longue
et ingrate entreprise, il eût mieux aimé se remettre à la
poursuite des Autrichiens. Le maréchal s'opposa vive-
ment à ces projets, il poussa le siége avec vigueur, bra-

vant lui-même toutes les fatigues, triomphant de la maladie à force d'opium : « Quand on est obligé, écrivait-
il à Louis XV, de passer la nuit à l'attaque d'un chemin
couvert, il n'est pas honnête de la passer en toussant (1). »
L'officier qui défendait Pizzighitone, le major Lurngston,
était l'un de ces Irlandais émigrés que leur fidélité aux
Stuarts déchus avait dispersés dans toutes les armées de
l'Europe. Il tint ferme pour ses nouveaux maîtres. Le
roi de Sardaigne lui ayant fait dire que, s'il consentait à
se rendre, il aurait ses bonnes grâces : « Pour toute réponse, je devrais te faire pendre, » répliqua le major au
trompette qui avait apporté le message. Sa conduite
égala son rude langage. Après avoir épuisé toutes ses
ressources, combiné plusieurs sorties qui furent repous-
sées, vainement essayé d'inonder avec les eaux de
l'Adda les travaux des assiégeants, il ne voulut capitu-
ler que sur une autorisation venue du quartier-général
de Mantoue (2).

Les alliés entrèrent dans la place qu'ils avaient patiem-
ment conquise : plus de cinq cents de leurs officiers et
soldats étaient tués. Les actions d'éclat avaient abondé ;
on citait un enfant de quinze ans, nommé Crillon, à
qui sa bravoure valut la croix de Saint-Louis.

(1) Lettre de M. de Villars au roi, Milan, 26 mars 1734 ; — Archives de la guerre, etc. — Les lettres de Villars et les réponses
à ces lettres, que nous citons, sont tirées de la correspondance
militaire du maréchal, elles sont, pour la plupart, inédites.

(2) Toute cette guerre d'Italie se trouve racontée avec détails
dans un ouvrage du temps : *Histoire de la dernière guerre et des
négociations pour la paix*, par M. P. Massuet.

La reddition de Pizzighitone entraîna celle des dernières places qui, çà et là, résistaient encore. Le château de Crémone se soumit de lui-même ; celui de Milan ne céda qu'aux plus énergiques efforts. C'était l'héritier de l'un des plus grands noms Lombards, un Visconti, que l'Autriche avait établi gouverneur du château de Milan ; il ne trahit pas sa confiance : animé d'une haine implacable contre ces ducs de Savoie qui venaient régner là où avait régné sa famille, il se livra à une lutte désespérée. Une partie de ses soldats murmuraient des extrémités sans issue auxquelles il voulait les réduire ; il les épouvanta, en fit enchaîner quelques-uns à leurs postes de sentinelles, attacher d'autres à des potences. Ces moyens violents ne pouvaient durer ; l'intraitable lieutenant de l'Empereur finit par se résigner: il sortit de son château à moitié brûlé, avec les honneurs de la guerre, emmenant les débris de sa petite troupe à Mantoue.

Désormais, le Milanais presque tout entier était perdu pour les Impériaux : la capitulation de Novare, du fort d'Arona, de Tortone, l'occupation militaire de la principauté de Guastalla terminèrent cette première partie de la campagne qui, ouverte au mois d'octobre 1733, fut close au mois de janvier suivant.

De l'aveu de tout le monde, la présence du maréchal de Villars avait mis le comble à l'élan de l'armée : quelques désordres s'étaient produits avant son arrivée, ils cessèrent devant lui: « J'ai parlé à tous à la tête de leur camp en passant, écrivait-il au roi le 17 novembre (1) ;

(1) Lettre de M. de Villars au roi, camp de Maleto, 17 novembre 1733 — Archives du Dépôt de la guerre, etc.

j'ai le bonheur que véritablement ils ont de l'amitié pour moi, et j'espère tout de leur valeur naturelle. » Villars avait apporté avec lui toutes les qualités qui, tant de fois, avaient enlevé les Français sur ses pas : sa bonne humeur (1), son mot pour rire au milieu des embarras et des souffrances, sa façon de jeter, en passant sur le front des régiments, quelques paroles brèves, spirituelles et retentissantes, son air de résolution et d'entrain, le port hardi et majestueux de sa tête (2), la flamme qui sortait de ses yeux, la confiance superbe qui de son âme se répandait dans celle de ses soldats. Tel, au début de sa carrière, sur le champ de bataille de Friedlingen où son armée enthousiasmée l'avait proclamé maréchal de France, Villars avait saisi l'imagination publique, tel, sous le poids de ses quatre-vingts ans,

(1) A propos de cette bonne humeur de Villars, le maréchal de Saxe, *Mémoire sur l'Art de la guerre*, liv. II, c. V^e, raconte le trait suivant : « L'affaire de Denain me fait ressouvenir d'une chose qu'il faut que je conte ici en passant. Le combat fini, la cavalerie française mit pied à terre. Le maréchal de Villars, passant le long de la ligne, comme il était toujours gai, parlant à ses soldats d'un régiment qui était sur la droite, il leur dit : Eh bien ! mes enfants, nous les avons battus. Quelques-uns se mirent à crier : Vive le roi ! à jeter leurs chapeaux en l'air et à tirer ; la cavalerie s'en mêla. Cela effraya tellement les chevaux qu'ils s'arrachèrent des mains des cavaliers et s'enfuirent tous. S'il y avait eu quatre hommes qui eussent couru devant eux, ils les auraient menés à l'ennemi. »

(2) Dans ses *Mémoires*, t. 1er, c. v, l'illustre et honnête Malouet raconte qu'en 1771 il rencontra dans une cabane de la Guyane un vieux soldat centenaire de Louis XIV : le vieux soldat lui parlait toujours *de l'air martial du maréchal de Villars*.

il la frappait encore; son orgueil même qui, dans une négociation, le rendait si incommode, devenait dans le feu de l'action un des ressorts de son génie.

Pendant cette marche rapide des alliés au nord de l'Italie, des événements, non moins considérables, s'étaient préparés dans les régions méridionales.

La cour de Madrid avait d'abord paru disposée à concourir, avec les Français et les Sardes, à la conquête du Milanais; elle avait, dès les premiers jours du mois de novembre 1733, envoyé à leur camp devant Pizzighitone un lieutenant-général, le duc de Liria, fils aîné du maréchal de Berwick, celui-là même qui devait perpétuer au-delà des Pyrénées le sang, la grandesse et les honneurs du vainqueur d'Almanza. Cette intervention des Espagnols déplaisait fort au cabinet de Turin : dans ces auxiliaires empressés, il soupçonnait d'ambitieux rivaux qui, la Lombardie une fois arrachée à l'Autriche, lui contesteraient la possession d'un pays où d'ailleurs les vœux des peuples les appelaient plutôt que lui-même. Les défiances de Charles-Emmanuel allaient à l'extrême; elles pouvaient le mener jusqu'à une trahison. Villars observait tous ces nuages, il n'était pas sans inquiétude : « Ma crainte, écrivait-il à Louis XV dans une dépêche chiffrée, est que si les Espagnols disputaient le Milanais, le roi de Sardaigne n'aimât mieux *un tiens* que *deux tu l'auras*, s'il trouvait un grand intérêt à manquer à Votre Majesté (1). » Sous l'empire de ces préoccupations, désireux de ménager les deux couronnes dont la

____

(1) Villars au roi, 22 décembre; — Dépôt de la guerre, *ibidem*

bonne intelligence était nécessaire au succès de l'entreprise, le maréchal imagina un arrangement d'après lequel
les Espagnols s'échelonneraient sur la rive droite du Pô
pour couvrir les opérations de l'armée franco-sarde :
c'était employer leurs services, en écartant tout conflit.

Mais étouffées sur un point, les difficultés éclatèrent
bientôt sur un autre.

Mécontents du rôle qui leur était assigné, les Espagnols demeuraient inactifs, leur surveillance était molle ;
peu à peu, même, on les vit dégarnir leurs postes et se
livrer à un mouvement de retraite. De là, grande rumeur
parmi les Franco-Sardes : la plus vive émotion, les bruits
les plus accusateurs circulaient dans leurs rangs. Villars
voulut voir clair dans ce mystère ; malgré la rigueur
du froid, malgré l'âpreté extraordinaire de la saison, il
partit, passa le Pô qui roulait d'énormes glaçons et où
périrent plusieurs de ses chevaux, vint surprendre à
Parme, dans le palais des Farnèses, l'infant don Carlos.
A la vue de ce jeune prince, tranquille au milieu d'une
cour brillante, presque indifférent aux combats gagnés
de l'autre côté du fleuve, et qui semblait plus occupé
d'opéras que de plans stratégiques, une idée étrange
traversa l'esprit du maréchal : Y aurait-il quelque mar-
ché conclu entre Madrid et Vienne ? L'Empereur, qui,
pour se venger de la déloyauté du roi de Sardaigne, avait
parlé de sacrifier la moitié de ses États, aurait-il offert à
l'Espagne, qui avait accepté, toute l'Italie méridionale ?
Villars communiqua (1) ses craintes au gouvernement

(1) Villars au roi et au ministre de la guerre, 1er février et 12 février 1734, Dépôt de la guerre, *ibid*.

de Versailles qui le rassura sans l'instruire. Presque au même moment, l'énigme se dissipait d'elle-même : lorsque tous leurs apprêts eurent été achevés, lorsque de nouvelles troupes leur furent arrivées de Barcelone, lorsque leurs bâtiments de transport et de ravitaillement furent réunis dans les eaux de Livourne et de la Spezzia, lorsque, enfin, ils eurent vu les impériaux bien écrasés en Lombardie, réduits à l'impuissance de tenter quelque diversion et de se porter ailleurs, les Espagnols découvrirent leurs projets par un violent manifeste contre la Maison d'Autriche ; ils s'ébranlèrent dans les derniers jours de février 1734, en route vers Naples et la Sicile.

L'évacuation du Parmesan par les Espagnols ne calma pas Charles-Emmannel : il commençait à les redouter plus que les Autrichiens eux-mêmes ; il s'attendait à les voir revenir, un jour ou l'autre, du fond de l'Italie, maîtres de Naples et de la Sicile, leurs arrogantes convoitises accrues encore par les succès qu'ils auraient recueillis. Etabli dans le Milanais qu'il tenait, et qu'il entendait ne partager avec personne, il jugeait sa tâche remplie et son but atteint : ne plus chercher à conquérir, ne songer qu'à conserver, c'était ce que, dans ses appréhensions amères, il se proposait dorénavant. Le maréchal de Villars se trouvait dans la situation la plus pénible ; à la fois privé du contingent espagnol qui s'était retiré, et du contingent piémontais qui ne voulait plus avancer, il hésitait dans ses résolutions. Que faire ? Assiéger Mantoue, dont la prise était le véritable objet de la guerre, la condition nécessaire de la ruine de toute domination allemande dans la péninsule? Le roi de Sardaigne refusait obstinément le concours de sa grosse artillerie sans laquelle le siége n'était pas possible. Franchir au moins l'Oglio et le Mincio, intimider l'ennemi, détruire les détachements impériaux qui viendraient de Roveredo, enlever l'importante position de Goïto, peut-être même allumer l'incendie à Mantoue avec des boulets rouges (1)? Le roi de Sardaigne se retranchait dans les mêmes refus ; il invoquait de spécieux prétextes, disant que tout le pays entre l'Oglio et le Mincio était ravagé, qu'une armée n'y pourrait pas vivre, que les Autrichiens eux-mêmes seraient bientôt obligés par la famine de l'abandonner. Que restait-il à Villars? Entreprendre ce qu'au début de la campagne il avait conseillé, s'en aller au pied des Alpes Trentines fermer tous les débouchés par où la cour de Vienne envoyait des renforts en Italie ? Là, c'était le cardinal de Fleury qui intervenait avec son autorité, il représentait qu'une opération de ce genre supposait une marche sur le territoire de Venise ; que ce territoire était couvert par la neutralité de la Sérénissime République ; que tout attentat contre les droits d'un État neutre alarmerait l'Europe et serait un cas de guerre. Le maréchal de Villars se voyait arrêté au milieu d'une expédition triomphale, désespéré de ne pouvoir la pousser à bout, contraint à une désolante inaction, tandis que les impé-

______

(1) *Lettre* de Villars au roi de Sardaigne, 22 mars 1734, Dépôt de la guerre, *ibid.*

riaux se remettaient de leur panique, rassemblaient leurs forces et méditaient une immanquable revanche.

Alors l'impatience le saisit; il ne voulut plus demeurer dans cette Italie où désormais sa présence était inutile, où le dernier effort de sa vie se consumerait en d'interminables luttes contre l'opiniâtre cupidité de Charles-Emmanuel. Il écrivit au roi pour demander son rappel. En même temps, sa pensée, ses regrets, son ardeur recommençaient à le porter sur les bords du Rhin; il y pressentait de grands combats dont il n'aurait pas sa part. Il faisait passer des notes à Versailles sur la guerre d'Allemagne, comme s'il était chargé de la diriger; il recommandait la plus grande surveillance sur notre frontière de la Moselle et du Luxembourg, car c'est par là, disait-il, entre Stenay et Mouzon, que le prince Eugène essayera de pénétrer dans le royaume.

Louis XV demêlait sans peine les sentiments qui se remuaient dans l'âme du vieux capitaine; il cherchait doucement à l'apaiser, à le ramener vers la mission, honorable aussi, qui était confiée à son bras : « Je ne suis pas surpris, lui écrivait-il le 5 mars 1734, que vous vous occupiez d'une frontière où vous avez si bien servi le Roy mon bisaïeul; j'attends à présent les mêmes services de votre part en Italie (1). » Et comme le maréchal restait mécontent et grondeur, le roi revenait à la charge, quelques jours après; il assaisonnait des

(1) Dépôt de la guerre, *ibid.* — Cette lettre est aussi reproduite dans le curieux travail manuscrit que contient la bibliothèque du ministère de la guerre, et qu'un officier du temps, M. de Vaux, fit sur la guerre de 1735.

louanges les plus délicates les conseils les mieux assortis, il présentait à cet orgueil immense et généreux la noble image de sa gloire passée qu'il pouvait agrandir encore : « Les nouvelles de Vienne, lui écrivait-il (1) le 18 mars, portent toujours que le prince Eugène viendra commander l'armée de l'Empereur sur le Rhin. Je crois m'apercevoir que vous aimeriez mieux qu'il fût en Italie. Votre courage vous fait penser qu'il y aurait plus d'honneur à acquérir pour vous, ayant affaire à un général d'une aussi grande réputation. Mais la vôtre est trop bien établie pour qu'elle ait besoin de ce nouveau lustre. Toute l'Europe a été témoin que lorsque vous avez fait la guerre contre le prince Eugène, vous en êtes sorti avec gloire et avantage. Lorsque je vous ai envoyé en Italie, le fort de la guerre paraissait être de ce côté là, et il y est en effet. J'avais besoin d'un général qui sût soutenir l'honneur de la nation et donner à mes troupes l'audace qu'on craignait qui fût affaiblie par une longue paix. Vous avez rempli mon objet, mais rien n'est fait si l'on ne conserve ce qui a été conquis. Faites réflexion si celui qui a pris le Milanez en moins de deux mois peut avec bienséance désirer d'être ailleurs quand ce même Milanez est sur le point d'être attaqué par une armée puissante. »

Malgré l'accent flatteur de ce langage vraiment royal, Villars persistait dans sa demande de rappel, il repoussait un commandement où, sans avoir la décision, il avait la responsabilité : « Comme les difficultés, écri-

_____

(1) Dépôt de la guerre, *ibid*.

vait-il (1) à son auguste interlocuteur, pourraient exposer ce qui m'est plus cher que la vie, je supplie Votre Majesté de me pardonner la liberté de lui dire qu'il me serait impossible de m'y soumettre, et il est certain que l'on me doit compter pour rien dans la guerre quand je ne suis pas le maître et non avec mon Roi que j'adore et auquel je voudrais bien que Dieu me fît la grâce de vivre assez pour lui voir gagner une bataille. Pour une bataille, je pourrais la gagner encore ; mais pour une guerre de défensive, guerre de pelle et de pioche comme disent les généraux piémontais, j'y périrais et y servirais bien mal quand même j'en aurais la force. »

D'autres fois, l'impétueux maréchal se laissait aller à l'idée qu'il pourrait faire un coup de tête, braver les ordres de Charles-Emmanuel, entraîner l'armée entière dans quelque action où la victoire rachèterait la désobéissance. Il racontait lui-même son rêve au roi, à l'occasion d'une escarmouche où M. de Broglie, forçant de sa propre autorité un passage du Mincio, avait enlevé une garde de cuirassiers ennemis, fait quatorze prisonniers, ramené vingt chevaux, causé un désordre qui aurait été plus grand encore *sans un épais brouillard à ne plus se voir et les gens se tuant les uns les autres* (2) : « Il a, remarquait-il, fait exécuter en petit ce que j'avais imaginé en grand ; » et il ajoutait : « Il ne m'a pas

(1) Villars au roi, Milan, 26 mars 1734 , — Dépôt de la guerre, *ibid.*

(2) Villars au roi, Milan, 26 mars 1734 ; — Dépôt de la guerre *bide* ».

consulté pour cela, et j'en aurais usé de même à l'égard
du roi de Sardaigne s'il était possible d'ébranler l'armée
sans la permission du généralissime. »

Le printemps de l'année 1734 s'écoula dans ces incer-
titudes: Villars sollicitant toujours son congé ; le roi le
pressant de rester à son poste, d'embrasser dans une
égale vigilance le Milanais et le Parmesan, d'avoir l'œil
fixé sur cette étendue de cinquante lieues, incessamment
menacée, qui de l'extrémité du Mantouan et des confins
du Ferrarais allait jusqu'au lac de Garde.

Nos deux armées d'Italie et d'Allemagne offraient
alors un curieux spectacle : pendant que le maréchal
de Villars s'indignait de la nécessité qui le retenait im-
mobile, le maréchal de Berwick condamnait ses troupes
frémissantes, il se condamnait lui-même à cette immobi-
lité.

Après avoir pris Kehl dans l'automne précédent, Berwick s'était, au mois de mai, porté devant Philipsbourg,
la forte place du Rhin qu'avaient autrefois réduite Condé
et Vauban ; il l'avait enveloppée de vastes lignes de cir-
convallation dans lesquelles il avait fait entrer trente
mille hommes. Ses officiers généraux (1) exprimaient très-
haut leurs plaintes contre cette mesure, ils les exhalaient
jusqu'à Versailles, ils prétendaient qu'il fallait marcher
à l'ennemi, que si par malheur le prince Eugène, avec
son armée de secours, nous attaquait, nous serions cer-
nés entre deux feux et comme emprisonnés dans nos re-

(1) *Mémoires politiques et militaires* du maréchal de Noailles,
t. V, liv. II, année 1734. — M. de Noailles servait comme lieutenant général devant Philipsbourg.

tranchements. Berwick laissait dire, il avait posté un corps d'observation contre lequel il savait que son circonspect adversaire ne se hasarderait pas; il persistait donc à garder enfermés dans leurs lignes ses meilleurs régiments, occupés sans relâche à resserrer la ville, à ouvrir des tranchées, à pratiquer des brèches.

La mort mit fin à ce contraste en retirant presque simultanément du monde ces deux illustres frères d'armes.

Berwick disparut le premier, l'impassible Berwick à qui ses meilleurs amis, injustes peut-être, reprochaient d'*excéder un peu trop en prudence* (1); il mourut de mort violente, à la façon des téméraires, comme était mort le sage Turenne. Le 12 juin, au matin, il se rendit, selon sa coutume, à la tranchée; à peine avait-il fait quelques pas qu'il vit tomber devant lui un soldat que frappa un boulet. Malgré cet avertissement, malgré les représentations de ses officiers qui chaque jour le conjuraient de ne pas commettre inutilement sa vie, il poursuivit tranquillement sa route. Arrivé devant un étroit sentier au-dessus duquel s'entrecroisaient les feux des assiégés et des assiégeants, une sentinelle voulut lui barrer le chemin : « Est-ce que tu ne me connais pas ? lui dit le maréchal. — Pardon, Monseigneur, je vous connais bien. — Eh bien, laisse-moi passer (2). » Et

----

(1) « Ce que vous dites du maréchal de Berwick est aussi fort juste ; il excède peut-être un peu trop en prudence. » (Le duc de Bourgogne à Fénelon, 3 octobre 1708.)

(2) Nous empruntons tous ces détails à une lettre adressée par le sieur Baudouin, ingénieur au camp devant Philipsbourg, au

continuant sa promenade, il visita les travaux ; il était monté sur une banquette, regardant avec une lorgnette de côté et d'autre, faisant des observations avec son calme habituel et sa méthodique lenteur, lorsqu'un boulet de canon, parti vraisemblablement de nos batteries, lui emporta la tête.

Cinq jours après, c'était le tour de Villars : il n'était déjà plus, hélas ! général en chef.

Au commencement de mai, les Autrichiens avaient franchi le Pô à Toricella, un peu au-dessous de Borgo-Forte : les eaux du fleuve étaient basses, la rive opposée mal gardée par un détachement de cavalerie ; ils avaient pu passer au nombre de dix mille. A cette nouvelle, la douleur de Villars avait été grande ; toutes ses sombres prévisions étaient justifiées ! Se dirigeant, de suite, du côté de l'ennemi, il avait poussé si loin sa reconnaissance qu'assailli par un peloton de cuirassiers allemands, il avait dû mettre l'épée à la main pour les disperser. Le lendemain, il somma le roi de Sardaigne de livrer bataille ; n'obtenant qu'une réponse dilatoire, il quitta l'armée. Il apprit à Turin, où la maladie l'arrêta, la fin héroïque de Berwick : « Cet homme a toujours été heureux, » s'écria-t-il ; et, le 17 juin, il mourait, non pas d'un boulet de canon, mais d'épuisement et de lassitude, dans son lit, comme ses pareils Condé et Luxembourg, dans la ville et dans le palais même où, quatre-vingt-trois années auparavant, il était né durant l'ambassade de son père auprès de la cour de Savoie.

ministre de la guerre, 18 juin. — Dépôt de la guerre, *Allemagne, 1734, du 7 au 21 juin,* pièce 151 du recueil.

Les deux armées en deuil célébrèrent leurs généraux défunts par de dignes funérailles : onze jours après la mort de Villars, le 28 juin, ses lieutenants, MM. de Coigny et de Broglie, qui venaient d'être promus maréchaux, gagnaient la sanglante bataille de Parme ; et le 18 juillet suivant, tandis qu'embarqués sur le Rhin, les restes du maréchal de Berwick étaient reçus à Strasbourg et traversaient le royaume jusqu'à Paris au milieu des plus grands honneurs, Philipsbourg capitulait.

H. DE LACOMBE.

IMPRIMERIE ERNEST COLAS.